AF465677

NOTICE

SUR

L'ÉGLISE ET LE BOURG

DE CADALEN;

Par Élie-A. ROSSIGNOL,

Inspecteur de la Société française d'archéologie.

Extrait du Bulletin monumental *publié à Caen par M. de Caumont.*

PARIS,

DERACHE, RUE DU BOULOY, 7;

CAEN, — CHEZ A. HARDEL, IMPRIMEUR-LIBRAIRE,

RUE FROIDE, 2.

—

1861.

NOTICE

SUR

L'ÉGLISE ET LE BOURG

DE CADALEN.

Le bourg de Cadalen, chef-lieu de canton dans l'arrondissement de Gaillac, au département du Tarn, possède une église remarquable sous plusieurs rapports. Cette église est malheureusement petite, et les fidèles de la paroisse ne peuvent y tenir qu'avec peine. Depuis long-temps on s'était aperçu, on s'était plaint de l'exiguité de ses dimensions; mais aujourd'hui on n'a pas voulu souffrir plus long-temps. On a demandé l'érection d'une nouvelle église; la commune s'est imposé des sacrifices; on a mis la main à l'œuvre et le nouvel édifice sera bientôt terminé. Qu'adviendra-t-il de l'ancienne église? Déjà, une fois, on a voulu la démolir et en utiliser les matériaux pour la nouvelle construction. Les fidèles se sont alarmés à la pensée de voir porter la pioche à leur respectable temple; ils ont, en se cotisant, fourni la somme à laquelle avaient été évalués ces matériaux, et ainsi l'édifice est devenu la propriété particulière de quelques paroissiens réunis en association. Mais ce zèle se soutiendra-t-il? Ou bien, lorsque le nouveau temple sera consacré au culte, les oppositions seront-elles levées? Je ne sais; mais, pendant que l'église est encore debout, j'ai eu l'idée de la décrire, d'en faire ressortir la beauté, et de tâcher d'inspirer ainsi un peu d'intérêt pour ce vénérable édifice.

Je dois auparavant dire un mot de l'histoire de la ville, rechercher ses titres, et peut-être par ce moyen faire comprendre qu'une ville qui a son nom inscrit dans l'histoire du pays doit tenir à honneur de conserver dans ses murs un témoin irrécusable de son ancienneté et de son importance dans les siècles passés.

Cadalen était anciennement un château dont les seigneurs commencent, dès le XIe. siècle, à figurer dans l'histoire. Le titre le plus ancien où ils soient mentionnés est un acte, passé vers l'année 1062, par lequel Aiméric et Rigald, fils tous deux de Godanie, firent hommage à Frotaire, évêque de Nîmes (qui avait encore un droit sur l'évêché d'Alby), et à son neveu Raymond, vicomte d'Alby et de Nîmes, du château de Cadalen avec tous les forts qui y étaient alors et ceux qui y pourraient être bâtis à l'avenir.... *Illum castellum quod vocatur Cadalonium, totas fortezas quæ ibi modo sunt et in antea erunt* (1). Ces mots sembleraient indiquer que ce château-fort commençait alors à recevoir un peu d'importance, et que, fondé depuis peu, il était appelé à en acquérir encore. Quelques années après, Bernard et Guillaume d'Aiméric (fils peut-être du précédent Aiméric) sont nommés en 1081 (2) comme seigneurs *(principes)* du château de Cadalen : ils étaient avoués, c'est-à-dire protecteurs de l'église de Vieux, et en cette qualité ils furent priés par Armant, moine transfuge de l'abbaye de Gaillac, retiré pour lors à celle d'Aurillac, de consentir à l'union de cette église avec l'abbaye d'Aurillac. Ces deux seigneurs refusèrent d'abord d'acquiescer à une telle pro-

(1) *Histoire générale du Languedoc*, t. III, p. 535, nouv. édit.

(2) *Ibid.*, t. III, p. 380. D'après un récit de Balluze, historien du XIIe. siècle.

position, mais enfin ils y consentirent, moyennant le paiement d'une somme de 400 sols que dut leur verser le moine Armant.

Les seigneurs de Cadalen, ou plutôt les notables de la ville, comptaient, pendant le XIIe. siècle, parmi les premiers de la province. Guinaguerre de Cadalen et seize autres gentilshommes se portèrent pour garants (par un acte daté du 7 des calendes de mars de l'année 1130 (1)) du partage, que venaient de faire les vicomtes Roger et Raymond Trencarel, des biens composant la succession de leur père, et du traité d'amitié et de paix qu'ils s'étaient jurées à cette occasion; ces gentilshommes s'engagèrent même à prendre les armes pour assurer par la force l'exécution des conventions adoptées alors par chacun des deux frères. Les relations se continuèrent pendant long-temps entre ces vicomtes et les notables de Cadalen. En 1139, Bernard Rigal de Cadalen est témoin de l'hommage rendu à Roger, vicomte de Carcassonne, par Raymond Amélius et Olivier pour le château de Penne (2); en 1158 et le 2 juillet, Guinaguerre est témoin, avec d'autres, d'un hommage fait, dans la ville de Carcassonne, à Roger et à Raymond Trencarel par divers vassaux (3); enfin en 1181, lorsque Roger, vicomte de Béziers, reprit les armes contre le comte de Toulouse, parmi les chevaliers et les nombreux vassaux qui accoururent à son passage à Albi pour lui présenter leur hommage, je remarque Wuilhermus de Cadalen. Tous ces nobles jurèrent à Roger de l'aider de tout leur pouvoir dans la guerre qu'il entreprenait contre le comte de Toulouse, et dans celles qu'il aurait dans la suite avec ce même comte (4).

A la mort de Raymond VII, comte de Toulouse, toute la

(1) *Histoire générale du Languedoc*, t. IV, p. 405.
(2) *Ibid.*, t. IV, p. 428.
(3) *Ibid.*, t. IV, p. 488.
(4) *Ibid.*, t. IV, p. 543.

noblesse du Languedoc fut requise de prêter serment de fidélité à Alfonse, comte de Poitiers, et à Jeanne, sa femme, fille unique et héritière de Raymond VII. Le serment fut prêté au château Narbonnais, le 1er. décembre 1249, devant les commissaires envoyés par la reine Blanche, mère d'Alfonse, par les comtes, les barons, les chevaliers de la province, et encore par les consuls et les prud'hommes de plusieurs villes. Sur la liste des barons et chevaliers de l'Albigeois qui remplirent ce devoir de vassalité figurent les noms de Gérald, de Pierre de Cadalen (1). Cadalen devait ainsi relever du comte de Toulouse, mais ce n'était probablement que d'une manière indirecte, puisque par sa position elle faisait partie des États, appartenant au vicomte d'Alby, qui avaient été attribués à Simon de Montfort, et, plus tard, à Philippe de Montfort. Ce dernier avait, en effet, des droits seigneuriaux dans cette partie du bas Albigeois, puisque nous l'avons vu dans de précédentes recherches (2) prendre, en 1231, sous sa protection l'abbaye de Candeil, voisine de Cadalen, et lui accorder certaines prérogatives.

Nous avons vu aussi, dans cette étude sur l'abbaye de Candeil, les seigneurs et autres habitants de Cadalen faire au couvent des donations considérables. Raymond y est indiqué comme seigneur de Cadalen dans celles des années 1232 et 1252 ; il ne devait être que seigneur en sous-ordre, Philippe de Montfort conservant la haute-seigneurie sur le pays. En 1262, Philippe passe un acte de paréage avec les religieux de Candeil, et se qualifie dans l'acte de successeur, dans cette partie de l'Albigeois, des comtes de Toulouse, des vicomtes

(1) *Hist. gén. du Languedoc*, t. VI, p. 475.

(2) *Hist. de l'abbaye de Candeil*, par E.-A. Rossignol, manuscrit qui a valu à l'auteur une médaille de vermeil de la part de l'Académie des Sciences, Inscriptions et Belles-Lettres de Toulouse, juin 1859.

de Béziers et d'autres seigneurs souverains. Ce même Philippe eut, en l'année 1265, de grands différends avec Auralric, vicomte de Lautrec, seigneur de Giroussens et d'Ambres, et ce dernier aurait, assure-t-on (1), publiquement insulté le comte de Montfort dans le château de Cadalen. Des lettres-patentes de Philippe de Montfort (2) accordant, en 1269, des droits de pacage aux habitants de la Bessière, dans son fief de Cadalen, prouvent incontestablement que la place de Cadalen appartenait à Philippe de Montfort, qui avait d'autres possessions dans ce canton, sur lesquelles il construisait des forteresses, des *bastides*, dans des positions favorables, telles, par exemple, que celle de Técou, élevée avant l'année 1277.

Des mains de Montfort, la seigneurie de Cadalen dut passer dans celles des Comminges ; Gui de Comminges, fils puîné de Bernard VIII et de Laure de Montfort, eut, dans le partage fait en 1315 entre son frère Bernard, comte de Comminges, et lui, d'une part, et Éléonore de Montfort, comtesse de Vendôme et dame de Castres, leur tante, d'autre part, au sujet des terres de l'Albigeois et autres qui leur appartenaient par indivis à cause de Laure de Montfort, mère des Comminges ; Gui, dis-je, eut dans son lot diverses terres dépendantes de la seigneurie de Castres, et entre autres Fiac, Tersac et Cadalen ; il prit, à cause de cela, le surnom d'Albigeois (*Hist. gén. du Lang.*, t. VII, p. 38). Gui agissait encore comme mari et héritier de Marguerite de Monteil-Adhémar, fille unique d'Hugues de Monteil-Adhémar, baron de Lombers. La seigneurie de Cadalen appartenait donc, dans la première moitié du XIVe. siècle, à Gui de Comminges. Gui, seigneur de Cadalen, de Fiac et autres lieux, s'associa, avec une trentaine de malfaiteurs, écuyers, gentilshommes, pilla et ran-

(1) *Hist. gén. du Languedoc*, t. VI, p. 129.

(2) *Hist. de l'abbaye de Candeil.*

çonna une foule de lieux. Il se faisait appeler roi de l'Albigeois et exerçait partout une tyrannie insupportable, détroussant et tuant les habitants, et ne respectant pas même les lieux relevant de son autorité : les premières lettres de rémission délivrées en sa faveur, en 1333, par le roi Philippe VI (1), parlent de vingt hommes tués, *aucuns* entre Florentin et Cadalen.

Le château de Cadalen était une place fortifiée, bâtie sur un mamelon peu élevé et garnie de fossés, de murailles et de portes. Pour l'entretien des portes, ponts-levis et en un mot de la clôture de la ville, les consuls avaient le droit d'aller prendre tout le bois qui leur serait nécessaire dans les forêts de l'abbaye de Candeil, situées dans l'étendue de leur juridiction. Une transaction, passée le 19 septembre 1430 (2), entre eux et l'abbé Pierre de Grave, les confirma dans ce droit et leur reconnut de nouveau et de plus fort celui d'enlever les *fustes* (poutrelles) qui leur seraient utiles pour cela, à la seule condition de le notifier chaque fois à l'abbé et de lui déclarer le nombre de celles qu'ils voulaient emporter.

Cette place a joué un rôle dans les guerres civiles et religieuses du XVIe. siècle. Déjà, au début de ces guerres, en 1568, elle fut occupée par les religionnaires (3). Les divers auteurs qui ont écrit avec détails sur les troubles suscités par les affaires de religion dans le Castrais et l'Albigeois, ont plusieurs fois mentionné le nom de Cadalen. Le baron de Cadalen avait embrassé de bonne heure la religion réformée, ou du moins il soutenait ses adhérents. Un gentilhomme de ses

(1) *Hist. gén. du Languedoc*, t. VII, p. 462.

(2) *Hist. de l'abbaye de Candeil.*

(3) État des lieux occupés par les religionnaires en 1568, dressé par les ordres de Philippe-Rodolphe, évêque d'Alby. Compayre, *Etude historique*, p. 99.

voisins; le seigneur de Gabriac, était au contraire un des plus fermes soutiens des catholiques. Ces deux seigneurs en vinrent plusieurs fois aux prises, et il est malheureusement vrai de dire qu'aux rivalités d'opinions religieuses se joignirent trop souvent des rivalités d'intérêt personnel. Le seigneur de Gabriac joua un rôle des plus actifs dans ces luttes où il se fit un nom dès l'année 1562; il fut un des lieutenants du gouverneur de l'Albigeois et commanda pendant quelque temps dans la ville de Gaillac. Je n'entreprendrai pas de raconter ici tous les événements dans lesquels ce seigneur figura, je dirai seulement ceux qui rappellent son nom avec celui du baron de Cadalen.

Le 18 février 1576, le baron de Cadalen, à la persuasion du capitaine Alexandre et de Fabre de Castres, bailla sa maison aux huguenots. Les catholiques de Cadalen, excités par de Gabriac, se mirent sous ses ordres, et joints à ceux des villages voisins et à ceux qui étaient accourus d'Alby, ils allèrent assiéger le baron dans sa maison; mais les protestants volèrent à son secours et contraignirent les assiégeants à rentrer en toute hâte dans la ville (1). Les catholiques, ainsi repoussés, prirent leur revanche quelques jours après.

Le baron de Cadalen, enhardi par l'espèce de succès qu'il venait de remporter, forma le projet de faire un coup de main et de surprendre une des places fortes des environs. Il réunit une quarantaine de soldats, se mit à leur tête et partit, le 30 mars 1576, pour aller exécuter l'entreprise qu'il méditait. A peine avait-il fait un peu de chemin qu'il rencontra le capitaine Rouyré (de Baine), de Gabriac et Fonvieille, seigneur de Saliés, commandant une troupe d'hommes bien supérieure en nombre à la sienne. A la vue de ces terribles et nombreux adversaires, le baron battit prudemment en retraite, et, se

(1) Troubles advenus au diocèse d'Alby, de 1561 à 1587. Manuscrit.

sentant pressé, il gagna une métairie, s'y enferma et s'y laissa assiéger. Il se défendit vaillamment et fit mordre la poussière à plusieurs de ses ennemis et au seigneur de Saliés, un de leurs chefs; enfin, ne pouvant plus résister à des forces supérieures, il demanda à capituler, et il obtint des conditions honorables : la vie sauve pour lui et pour ses soldats. Malgré la foi solennellement jurée, le noble baron et ses vaillants soldats furent constitués prisonniers et amenés d'abord à Alby; puis de là, d'après les ordres du sieur de Gabriac, ils furent con duits par le sergent Combes à la tour de Gabriac où ils *moururent* peu de jours après. Deux auteurs (1), l'un catholique et l'autre protestant, ont rapporté ces faits avec cette différence que l'écrivain catholique dit que le baron de Cadalen se tua dans la tour de Gabriac, tandis que l'autre, auteur protestant, attribue hardiment sa mort à une déloyauté de la part du sieur de Gabriac qui l'aurait fait périr, dit-il, malgré la foi promise, prétendant lui succéder. Je ne me prononcerai pas entre ces deux versions, il me suffit de les avoir indiquées l'une et l'autre; mais on peut faire observer que le voisinage des terres de ces deux seigneurs et l'importance des dépouilles du baron de Cadalen pourraient donner de la vraisemblance aux suppositions du chroniqueur Castrais. Cette époque nous montre malheureusement trop souvent des exemples pareils, où des rivalités personnelles et de basses cupidités viennent se joindre aux animosités religieuses et envenimer les querelles.

Après la mort du baron de Cadalen (2), il n'est plus question

(1) Manuscrit cité. —Gaches.

(2) Le baron de Cadalen est toujours désigné dans les manuscrits par son titre et jamais par son nom de famille. On pourrait cependant inférer d'un acte, aux archives de Candeil, par lequel noble Mafre Jeanin de Gabriac, seigneur et baron de Roquesesière et de *Cadalen*, baille, en 1563, le greffe de Cadalen, qu'il était de la même famille

de cette ville; il est à croire que, soumise à l'influence de Gabriac, catholique éprouvé, elle embrassa ardemment le parti de la Ligue, car elle fut une des dernières du pays à reconnaître Henri IV: elle ne fit sa soumission à ce prince qu'en l'année 1595.

Depuis lors, la ville de Cadalen n'est plus guère mentionnée dans les écrits; son nom figure seulement sur la liste de celles qui furent ravagées par la peste (1), de l'année 1629 à 1631, et l'on sait que l'évêque d'Alby appliqua tous ses soins et employa une partie de ses revenus à soulager les pauvres et les pestiférés. Cadalen conserva toujours son importance et garda un des premiers rangs parmi les villes du diocèse dont elle était une des onze villes *maîtresses.* Les députés assistaient pour le tiers-état, avec les représentants des autres consulats du diocèse, à l'assemblée des trois États du pays d'Albigeois. A ces assemblées se trouvaient, pour la noblesse, avec les vicomtes et les barons du pays, le baron de Castelnau de Lévis, anciennement de Bonafous, qui avait en outre entrée aux États-généraux de la province du Languedoc. Le titre de baronnie des États avec entrée aux États-généraux fut porté en 1766 sur la seigneurie de Cadalen. Jacques de Crussol, marquis de St.-Sulpice, avait été nommé baron de Castelnau et des États, et il avait transmis cette terre et ce titre à ses descendants; en l'année 1766 Ch^es^. M^ie^. Em^el^. de Crussol marquis de St.-Sulpice, vendit la terre de Castelnau de Lévis au président de Pégneyroles, et le titre de baronnie aux États du Languedoc et d'Albigeois, à Philippe-Charles-François de Pierre de Blou,

que de Gabriac, son frère ou son cousin-germain. On aurait ainsi désigné les deux antagonistes par leurs titres pour ne pas les confondre, et l'affirmation de Gaches, qui veut que de Gabriac ait tué le baron de Cadalen pour lui succéder, donnerait de la vraisemblance à ma supposition.

(1) Roger, *Archives historiques*, p. 201.

marquis de Pierre Bernis, frère du cardinal de ce nom, archevêque d'Alby. Ses titres furent portés sur la seigneurie de Cadalen auquel le nom de PIERRE-BOURG fut alors imposé. C'est sous ce nom que Cadalen est désigné sur la carte des diocèses de France par Cassini : *Pierre-Bourg ci-devant Cadalen*, et jusqu'à la Révolution, les barons de Cadalen, ou plutôt de Pierre-Bourg, assistèrent aux réunions annuelles de l'assiette d'Alby et à celles des États du Languedoc.

Une grande partie du diocèse d'Alby, partie méridionale, était comprise dans la sénéchaussée de Carcassonne. L'administration de la justice y était confiée à un viguier résidant à Alby. Depuis long-temps cette viguerie avait été divisée en quatre siéges royaux particuliers, savoir : le siége d'Alby, le siége de la Terrebasse d'Albigeois, fixé à Cadalen, la prévôté de Réalmont et la baillie ou capitainerie de Briatexte. Cadalen était donc, depuis plusieurs siècles (1), un des siéges de l'administration de la justice dans la viguerie d'Alby; elle y était rendue par un juge, auprès duquel le roi était représenté par un procureur, et ces officiers étaient ainsi désignés : juge ou procureur du roi, en la judicature de Terrebasse, siége principal de Cadalen. Cadalen n'a pas perdu, dans la nouvelle division administrative de la justice, le privilége d'être un des siéges subalternes dans lesquels la justice est rendue, et la fixation à cette ville d'un chef-lieu de canton vient justement lui continuer aujourd'hui une certaine splendeur. Les juges de paix étaient primitivement nommés par le peuple. Les archives de la mairie de Cadalen conservent le procès-verbal d'installation du premier de ces magistrats, M. Cahuzac, du 5 juin 1791 (2).

(1) J'ai vu, à la préfecture du Tarn, un bail du greffe de Cadalen, cédé, le 4 février 1563, par noble Maffre Jeanin de Gabriac, seigneur et baron de Roquesesière et de Cadalen.

(2) Mon père a été aussi juge de paix de ce canton pendant 17 ans.

La communauté de Cadalen était administrée par quatre consuls nommés par les habitants à la pluralité des voix. Ils entraient en fonctions chaque année le 30 novembre, jour de la fête de saint André. Voici de quelle manière il était procédé à leur nomination. Les consuls en exercice dressaient une liste de sept personnes, composée du juge, lieutenant de maire, premier consul perpétuel, pour le premier rang, et de deux autres personnes pour les deuxième, troisième et quatrième rangs; cette liste était communiquée au procureur du roi au siége de Cadalen, qui permettait, si les personnes y dénommées étaient *gens de bien et d'honneur et sans reproche*, de procéder à la création consulaire par le suffrage des habitants. Le juge lieutenant de maire convoquait alors à Cadalen, le dimanche avant la fête de saint André, tous les habitants compris dans l'étendue du consulat; il leur présentait la liste dressée par les consuls anciens et approuvée par le procureur du roi; puis il appelait tous les habitants assemblés les uns après les autres, leur faisait prêter serment et recueillait un par un tous les suffrages qui devaient se reporter sur l'une ou l'autre des deux personnes désignées pour chacun des quatre rangs, la nomination du premier consul étant de pure forme, puisqu'il n'avait pas de concurrent, et qu'il était pourvu à la régie de premier consul perpétuel. Les suffrages recueillis, le lieutenant de maire président faisait appeler, par son *baille* (valet consulaire), les trois personnes des deuxième, troisième et quatrième rangs qui avaient obtenu la pluralité des voix : il leur demandait si elles acceptaient leurs nouvelles fonctions, et après leur avoir fait prêter serment et leur avoir fait promettre de bien et dûment exercer leur charge, et de donner à la fin bon et fidèle compte de leur administration, il les proclamait consuls pour l'année suivante (1).

(1) Registre des délibérations de la commune de Cadalen, séance du

Les consuls étaient aidés dans leur charge par douze conseillers politiques; ils se réunissaient à la maison de ville, *au son de la choche*, sous la présidence du juge en la judicature de Terrebasse, faisant les fonctions de lieutenant de maire, et qui était aussi premier consul perpétuel. La principale attribution de ce conseil était le vote des dépenses et la répartition des tailles. Cadalen était tenue de payer annuellement au roi une albergue de vingt-quatre livres. J'ai vu toujours figurer cette somme dans les dépenses de la communauté, jusqu'en l'année 1709; mais, par un édit du mois de juin 1710, le roi affranchit cette communauté, se réservant seulement une petite somme annuelle, que j'ai vue être, en 1711, de 5 sols, et, en 1719, de 1 livre 15 sols 4 deniers, sur les registres des délibérations où elle est ainsi justifiée : pour reste des 24 livres que le roi s'est réservé de l'abonnement de l'albergue que la communauté lui payait annuellement.

Dans une délibération du 14 avril 1720, il est voté une dépense de 523 livres affectée à des réparations à faire à la maison de ville, au couvert de la place, au clocher et aux murailles de la ville, réparations urgentes, car ces édifices menaçaient de crouler.

L'église de Cadalen était sous le vocable de la Sainte-Vierge. Beaucoup d'églises étaient placées sous l'invocation de la sainte Mère de Dieu; pour les distinguer les unes des autres, on appliquait autrefois à chacune d'elles une dénomination particulière; c'est ainsi que celle de Cadalen a été fort anciennement, depuis sa fondation peut-être, désignée par ces mots : église de *Notre-Dame del Sauze* ou *du Sauze de*

dimanche 26 novembre 1713, Jean de Molinier, conseiller du roi, juge en la judicature de Terrebasse, siége principal de Cadalen, lieutenant de maire dudit Cadalen. Jean-François Cahours, procureur du roi en la même judicature.

Cadalen. Des actes authentiques (1) nous prouvent que, pendant tout le cours du XVIIe siècle, elle a été ainsi qualifiée. Ce surnom devait avoir une raison d'être, mais je n'ai pu en trouver aucune explication plausible; à moins de lui appliquer des faits racontés par une légende répandue encore aujourd'hui dans le pays (2). Un acte conservé aux Archives de la préfecture du Tarn rappelle succinctement une bulle lancée par le pape Alexandre VII, en faveur de la confrérie de Notre-Dame de Cadalen, et une permission pour la publication de cette bulle donnée, le 31 janvier 1661, par le vicaire-général du diocèse d'Alby. Il est regrettable que le texte de cette bulle

(1) Archives de la Préfecture, Actes des années 1603, 1645, 1657, 1690.

(2) Au lieu de Cadalen, avant la construction de toute maison, croissait, aux bords d'une mare, un saule dont le tronc était devenu creux par suite de vieillesse. Une jeune fille, vouée de bonne heure au service de Dieu, avait quitté ses parents, pour suivre en liberté, les secrètes aspirations de sa conscience : elle suivait en cela l'exemple d'autres jeunes vierges dont les traditions sacrées du diocèse nous ont conservé le souvenir : sainte Carissime, sainte Martiane, sainte Sigolène. Elle avait fixé son séjour sur le mamelon désert de Cadalen. Elle parcourait le pays, faisant partout le bien; la nuit, elle se réfugiait dans le saule creux où elle avait établi sa résidence, et, l'arbre étant un peu penché sur l'eau, elle y parvenait en faisant un léger bond. A sa mort, elle fut enterrée à ce même endroit où elle avait passé une partie de sa vie à servir Dieu. Des miracles durent s'opérer sur sa tombe, et les habitants des environs résolurent de construire une église sur l'emplacement sanctifié par ses vertus et d'y grouper autour leurs habitations. L'église fut placée sous l'invocation de la sainte Mère de Dieu, et pour conserver le souvenir de la jeune fille, on l'aurait appelée du nom de *Notre-Dame du Sauze* ou *du Sault*, en mémoire du saule où elle se retirait, ou du sault, du bond qu'elle faisait pour s'y loger. Telle serait l'origine du bourg de Cadalen. — Il ne faut pas se dissimuler toute l'invraisemblance de pareilles traditions; cependant les légendes ont un point de départ ordinairement vrai, et ainsi elles ne doivent pas être systématiquement écartées.

ne nous ait pas été conservé : il nous aurait appris certainement quelque détail intéressant sur cette association, et donné peut-être une explication du vœu que certaines femmes pieuses allaient accomplir, il y a encore peu d'années, à cette église (1).

Des fondations d'obits furent faites dans l'église de Cadalen. Beaucoup de personnes, confiantes en l'efficace protection de la puissante patronne vénérée d'une manière particulière dans cette église, avaient fait des libéralités considérables à l'effet d'obtenir, pour le repos de leur âme, des prières publiques et annuelles dans ce saint lieu; plusieurs même, étrangères à la localité, désiraient que leur corps fût inhumé dans cette église paroissiale et priaient, par leur testament (2), le desservant et les paroissiens de vouloir le leur permettre. Les unes et les autres donnaient, à cette fin, des sommes fortes aux trois bassins de Notre-Dame, de St.-Étienne et de St.-Amarand, ou à un seul des trois, et léguaient aux curés des rentes perpétuelles en argent ou en nature pour faire dire des messes solennelles pour le salut de leur âme. Des fiefs nobles furent même baillés à ces intentions : les archives de la préfecture renferment une note détaillée sur la désignation des fiefs appartenant aux prêtres obituaires de Cadalen, avec la contenance et

(1) De jeunes femmes, de jeunes mères, à certaines époques de leur vie, allaient et vont encore faire un vœu à Notre-Dame de Cadalen, et se dépouillent, pour obtenir la protection de la sainte Mère de Dieu, de leurs plus belles parures, lui faisant don d'un ruban, d'une coiffe, ou de toute autre partie de leur habillement. Le dimanche des *Pasquettes* (Quasimodo), ces objets étaient vendus au profit de la Fabrique.

(2) Archives de la préfecture. Testament, 5 novembre 1645, de dame Jeanne de Pez et femme de Jean Cahours, procureur du roi en la judicature de Terrebasse, siége à Cadalen, désirant que son corps fût inhumé dans l'église paroissiale de Notre-Dame del Sauze de Cadalen ; et autre testament de l'année 1547, de Jean Brunet, demandant que son corps fût apporté au tombeau de ses prédécesseurs dans cette même église.

la cotisation de chacun d'eux (1). Ces fiefs, dont plusieurs étaient indivis avec le seigneur de Gabriac, servaient chaque année, sous le nom de censives, des rentes féodales foncières et directes, avec acape et arrière-cape et autres droits seigneuriaux. Comme possesseurs de fiefs et autres biens immeubles, les prêtres obituaires de Cadalen étaient obligés de payer au Trésor des droits d'amortissement, et de déclarer leurs nouvelles acquisitions. J'ai vu aux archives une note, du 7 août 1690, du commissaire délégué pour le fait des amortissements et nouveaux acquêts en la généralité de Toulouse, établissant que les marguilliers de Notre-Dame del Sauze de Cadalen, pour satisfaire à l'ordonnance royale du 5 juillet 1689, lui avaient remis une déclaration portant qu'ils ne possédaient aucun bien sujet à ces droits, soit par acquisition,

(1) Ces fiefs, situés dans la juridiction de Cadalen, ont été plus d'une fois arpentés de l'année 1451 à 1729. Dans la *perge* et la *cotise* faite le 1er. octobre 1603 par Pierre Bonne, *agrimauseur* de Gabriac, ils sont ainsi dénommés :

Fief de la *Viguairie*, faisant rente de 6 rases de blé, mesure d'Alby, de 2 sols 6 deniers d'acape et autant d'arrière-cape, et avait une contenance de 4 setiers 4 méjères. — Cette mesure est indivise avec le sieur de Gabriac qui en avait les trois quarts, le quart seulement appartenant aux prêtres obituaires de Cadalen.

Fief *del Mercadial*, faisant rente de 2 rases de blé. Contenance, 4 rases. — Indivis par moitié avec le sieur de Gabriac.

Fief d'*Albino*, sous la censive de 6 deniers. Contenance, 6 rases 1 boisseau. — Indivis avec le sieur de Gabriac qui en a les trois quarts.

Fief de *St.-Amarand*, censive, 2 deniers d'argent. Contenance, 10 rases 1 boisseau.

Fief de *Bouscou*, censive, 4 sols. Contenance, 3 setiers. — Indivis avec le sieur de Gabriac qui en a les trois quarts.

Fief de *la Nauzette*, faisant rente de 1 cartière de froment et 1 denier d'acape. Contenance, 6 rases.

Fief de *Foulongue*, faisant rente de 1/2 mesure de froment. Contenance, 1 setier 2 rases.

donation, fondation, échange ou autrement depuis le 1er janvier 1600.

Les fondations d'obits devinrent si nombreuses, qu'au dernier siècle, les prêtres de Cadalen furent obligés de s'adresser à l'archevêque d'Alby pour le prier de réduire et modérer le service des obits eu égard à leur revenu. L'archevêque Dominique de Larochefoucault, faisant droit à leur réclamation, mit, par son ordonnance du 24 février 1755, à 20 sols les grand'-messes et à 10 sols les basses, et reporta les litanies de la Vierge et le *Libera me* fondés pour chaque samedi au service fixé pour chaque dimanche.

Plusieurs prêtres desservaient l'église de Cadalen : un acte de l'année 1603 est fait à l'acceptation de Jacques Puel, prêtre et syndic des autres prêtres desservant dé Notre-Dame del Sauze de Cadalen.

L'ordre des séances dans l'église, le rang selon lequel devait être faite l'offrande et distribué le pain bénit, ont été pendant bien long-temps le sujet de longs débats dans les grandes comme dans les petites localités. Les notabilités de Cadalen n'entendaient pas, elles aussi, qu'il fût empiété sur leurs droits : car nous voyons (1) les officiers royaux se plaindre et intenter un procès devant la Cour de Toulouse au curé de Cadalen, pour avoir refusé de leur donner la paix lorsqu'ils s'étaient présentés à la Sainte-Table et *d'avoir fait passer d'autres gens avant eux*. Ce procès fut terminé à l'amiable avant toute enquête, et le curé demeura autorisé à donner d'abord la paix dans le sanctuaire aux ecclésiastiques et aux ministres servant à l'autel, et puis, se rendant au balustre, à recevoir à l'offrande et à donner la paix aux laïques au fur et à mesure qu'ils se présenteraient, *sans avoir aucunement à se préoccuper de leur rang* (2). Par ce même arrangement, les

(1) Archives de la préfecture.

(2) Il n'y a pas de civilité à l'offrande, il n'y a que des droits. Sou-

marguilliers furent obligés de porter ou de faire porter le pain bénit aux officiers et aux consuls à leur banc.

Les archives de la préfecture mentionnent un acte sur parchemin, du 25 juillet 1551, relatif à la *consécration* de l'église de Cadalen. Aucun détail n'est donné dans cet acte aujourd'hui perdu, et j'ai cherché inutilement aux archives de l'archevêché une explication sur cette cérémonie et sur cette date ; la perte de ce document est d'autant plus regrettable que l'église, comme on va le voir par la description que je vais maintenant en faire, remonte à une époque beaucoup plus reculée ; et je ne sais dès-lors comment concilier cette date avec les caractères architectoniques de l'édifice : le texte seul aurait pu nous éclairer sur ce point. Cependant, nous savons que la cérémonie de la consécration se faisait souvent (et quelquefois elle ne se faisait même pas pour les petites églises) bien long-temps après la bénédiction de l'édifice. La consécration de 1551 ne prouverait ainsi rien pour la date de l'érection de l'église.

L'église de Cadalen, de petites dimensions, est composée d'un sanctuaire et d'une nef, séparés l'un de l'autre par les piliers massifs qui supportent le clocher. Elle est orientée de l'est à l'ouest. La porte d'entrée est percée latéralement dans le mur méridional de la nef, et le pavé de l'église étant élevé d'environ deux mètres au-dessus du niveau du sol extérieur, on y monte par un escalier double de douze marches. La longueur totale est dans œuvre depuis le fond de l'abside jusqu'à l'extrémité de la nef, de 19m,40. Toutes ses parties sont voûtées; je

vent il faut qu'après de longues plaidoiries les Parlements règlent les rangs, et vous verriez quelquefois une foule de seigneurs, de marguilliers, de gens notables, aller fièrement à l'offrande un arrêt dans une main et une pièce d'argent dans l'autre. — Monteil, *Histoire des Français des divers États*, XVIe. siècle, station XXXIII.

vais décrire successivement chacune d'elles, tant à l'intérieur qu'à l'extérieur.

Le sanctuaire, formé de cinq faces d'un octogone régulier, a seulement 5 mètres de largeur; la voûte est divisée par six arceaux légèrement en ogive qui se croisent diagonalement et vont se réunir à un point d'intersection placé au centre du polygone. Quatre de ces arcs reposent sur des colonnes à demi engagées, adossées à chaque angle de l'octogone. Ces colonnes sont liées les unes aux autres par de faux arcs, également en tiers-point. Deux d'entre elles, celles du fond, ont un fût très-mince et sont couronnées d'un chapiteau, figurant un cep de vigne avec ses fruits enlaçant un écusson; elles n'ont pas de base et le fût lui-même a été coupé à deux mètres au-dessus du sol, pour en supprimer la saillie et rendre ainsi plus facile le passage ménagé derrière l'autel; les deux autres sont plus fortes; elles partent sans base et d'un seul jet du pavé de l'église, et ont un chapiteau sans autre ornement qu'un écusson. Ce même écusson reparaît encore à la retombée des autres deux arcs, à l'angle formé par le sanctuaire et les piliers du clocher. Ce sanctuaire est éclairé par deux fenêtres allongées et étroites.

A droite et à gauche de l'autel, une armoire a été pratiquée dans l'épaisseur du mur. Celle de gauche (du côté de l'épître) est toute simple et n'offre rien de remarquable; celle de droite mérite d'être signalée. C'est une ouverture rectangulaire, entourée d'un encadrement creusé dans la pierre et formé de petites colonnettes, trois de chaque côté, à base élégante et dont les deux extérieures portent un couronnement des plus gracieux; ces colonnettes sont partagées inégalement, dans le sens de leur hauteur, par des traverses horizontales qui divisent l'armoire en deux compartiments distincts, qui sont fermés l'un et l'autre par un volet avec pentures et serrure. Les dimensions de cette armoire intéressante sont de 1 mètre 85 de haut sur 1 mètre de large

On sait qu'avant le XIIe. siècle il n'y avait pas sur les autels de tabernacles pour recevoir les hosties, et les tabernacles manquent encore sur la plupart des autels des XIIIe. et XIVe. siècles ; l'eucharistie se conservait alors dans des vases qui étaient suspendus, tantôt renfermés dans des *armoires* placées à côté de l'autel. Ces armoires, qui existaient depuis le Ve. siècle, servaient aussi, celle de droite, à renfermer les calices et les autres vases, et celle de gauche les livres saints. Aux XIIe. et XIIIe. siècles parurent les *crédences*, sortes de niches pratiquées aussi dans l'épaisseur du mur, le plus souvent du côté de l'épître, mais quelquefois des deux côtés de l'autel, et qui étaient destinées à recevoir l'eau qui avait servi à laver les vases sacrés et les doigts du prêtre. Les crédences, en usage jusqu'au XVe. siècle, ne doivent pas être confondues avec les armoires qui existaient souvent concurremment avec elles. — L'armoire de l'église de Cadalen est bien réellement une de ces armoires où l'on conservait la sainte hostie. Le style architectonique des décorations paraîtrait assigner à sa construction une époque postérieure à celle du sanctuaire ; mais cette armoire n'en est pas moins remarquable, et il faut reconnaître ici qu'on en rencontre rarement dans les églises du diocèse d'Alby.

L'autel et le rétable ne méritent pas d'être signalés ; cependant le rétable présentait, il y a quelques années, cette particularité qu'on remarquait un miroir incrusté dans un de ses panneaux, celui du milieu. N'aurait-on pas observé dans d'autres rétables une ornementation de ce genre? L'église de Cadalen n'ayant pas de sacristie (car celle qui existe, et dont la porte ouvre dans le chœur à gauche de l'autel, a été construite seulement en l'année 1817) : le prêtre se revêtait de ses ornements sacerdotaux, pour célébrer la messe ou chanter les offices, devant l'autel et en présence des fidèles. Ce fait démontre l'absolue nécessité des armoires dont nous venons de parler, et pourrait peut-être expliquer la présence du miroir sur le rétable de l'autel.

La nef a une longueur de 9 mètres 40 sur 6 mètres 60; elle est composée de trois travées équilatérales, décorées de faux arcs et séparées de chaque côté par deux pilastres supportant l'arc-doubleau. La voûte, qui a une hauteur de 9 mètres 80, depuis le sol de l'église, offre des arcs en ogive, surbaissés et se rapprochant un peu du plein-cintre. Les pilastres qui supportent ces arcs n'ont pas de chapiteaux historiés; les arcs seuls, qui s'appuient et se réunissent aux angles des piliers du clocher et du mur occidental de l'église, sont terminés par un chapiteau pareil à ceux des colonnes du chœur et qui figurent un cep de vigne chargé de fruits enlaçant un écusson.

La nef est éclairée par deux fenêtres percées dans le mur méridional, et par une rosace pratiquée dans le mur du fond de l'église. La porte d'entrée est dans le mur méridional entre les deux pilastres, mais plus près de l'un que de l'autre.

En face de la porte se voient les fonts baptismaux; ils sont placés dans une niche creusée dans le mur septentrional de la nef, entre les deux pilastres. Cette niche est couronnée d'une construction en maçonnerie appuyée contre le mur et affectant la forme d'une pyramide, dont la base est ornée d'une boiserie sculptée et élégamment découpée dans le style ogival: boiserie polygonale divisée par compartiments et imitant les franges d'un rideau qui recouvrirait le haut d'un berceau. La cuve baptismale qui repose dans cette espèce de baptistère est en pierre, de forme ronde ou légèrement polygonale et à pédicule très-peu développé. Elle est entourée et protégée par une grille qui s'élève bien plus haut qu'elle, en bois sculpté, et composée de panneaux liés les uns aux autres par des charnières et s'ouvrant en deux parts; deux d'entre eux étaient fixés au mur. Les panneaux de cette grille, qui enveloppe et étreint la cuve baptismale, sont percés à jour et reproduisent des ornements diversement ajustés et disposés. Au centre de chaque panneau ont été gravés : sur l'un, le monogramme du Christ, IHS, *Jesus hominum salvator ;* sur l'autre, celui de la Sainte Vierge, M-A, *Maria*, en belles lettres gothiques du XVe. siècle ; sur les autres, une rosace ou le soleil, une fleur de lis et autres décorations. Au bas des deux panneaux de devant, une main taillée dans le bois indique les deux lettres gothiques 𝔗. 𝔓. Cette boiserie m'a paru très-remarquable et mérite d'être conservée.

La nef est séparée du sanctuaire par les piliers massifs qui supportent le clocher, ou plutôt les piliers sont placés à l'extrémité orientale de la nef et la rétrécissent considérablement, et encore la base et le fût de la colonne, à une hauteur d'environ deux mètres, ont-ils été enlevés pour donner entre les deux piliers un passage plus large. Chacune de ces colonnes est ornée de chapiteaux dont trois sont formés de deux rangs de feuilles recourbées en volute, et le quatrième reproduit deux aigles ou oiseaux du même genre. Contre un de ces piliers, celui de gauche en entrant, a été adossé dans la nef un autel. La voûte du clocher, en coupole pour ainsi dire, est divisée par deux arceaux plats se coupant à angles droits.

Le clocher est octogone, mais à l'extérieur il présente la forme carrée jusqu'à la hauteur d'un trottoir, garni d'une rampe, qui règne seulement sur les deux faces méridionale et septentrionale. Chacune des faces de l'octogone est percée d'une ouverture allongée. La tour est voûtée au sommet et la voûte, consolidée par huit arceaux venant de chaque angle du polygone, supporte une plate-forme.

On monte à cette tour par un escalier tournant en pierre ; il est pratiqué dans une seconde tourelle très-étroite, placée dans le mur du nord et faisant saillie à cet aspect. La tourelle dépasse le niveau de la balustrade du clocher, et sa couronne conique s'élève presque aussi haut que la tour du clocher.

La porte d'entrée de l'église est placée sur le côté méridional et non sur la façade occidentale ; elle est à plein-cintre et ornée de plusieurs voussures décorées de creux et reliefs et disposées en retrait ; elle est percée dans un mur qui forme une saillie sur celui de l'église et qui est terminé par une corniche supportée par des modillons. Les archivoltes de la porte reposent sur une corniche placée sur les chapiteaux des colonnes. Celles-ci, au nombre de deux de chaque côté, ont leurs chapiteaux historiés, c'est-à-dire offrant des sujets religieux en bas-relief. L'explication de ces sujets, sur lesquels on a découvert des symboles, est quelquefois un peu conjecturale; mais il y a des types qui ont été reproduits assez souvent pour ne laisser aucun doute sur l'interprétation des scènes qu'ils représentent. Ainsi l'on y voit habituellement reproduits des sujets puisés dans l'Ancien et dans le Nouveau-Testament, les supplices des pécheurs et les récompenses des bons, l'antagonisme entre le bien et le mal.

D'après le symbolisme employé généralement dans les églises du moyen-âge pendant le XIIe. et le XIIIe. siècle, je crois pouvoir expliquer d'une manière plausible, au moins pour deux d'entre eux, les sujets reproduits sur les chapiteaux de notre porte. Les chapiteaux qui sont à la droite du spectateur figurent, le premier, un homme couvert d'un vêtement ample et court, portant une bourse suspendue par un cordon à son cou et qu'il presse contre sa poitrine avec sa main droite; il est placé entre deux démons à pieds crochus et à figures hideuses, coiffés d'un bonnet garni de serpents, qui l'ont lié par le cou et ont l'air de l'entraîner ; l'un tient la corde avec ses deux mains; l'autre, tout en tenant ferme le lien, tire le patient à lui par un bras, de toute sa force. Il est impossible de ne pas reconnaître dans ce sujet, admirablement bien sculpté, un avare tourmenté par deux démons. Le second chapiteau nous montre d'une manière aussi claire Adam et Ève, aux deux côtés de l'arbre de la science du bien et du mal que le serpent séducteur embrasse de ses replis. Ce sujet biblique est un de ceux que les sculpteurs du moyen-âge ont le plus souvent représenté, et ils ont donné habituellement à l'arbre l'aspect d'un palmier, d'un figuier, d'un pommier ou d'un oranger.

Les deux chapiteaux de l'autre côté de la porte, à gauche du spectateur, ne nous donnent pas des sujets d'une interprétation aussi facile ; je n'en hasarderai pas une explication, et me contenterai seulement de les décrire. Le chapiteau extérieur représente un personnage vêtu d'un habit long et ample ; il paraît légèrement élevé au-dessus du sol et a les mains tendues vers le ciel ; il est entouré de deux anges vêtus, placés sur un plan un peu inférieur au sien ; ils appuient une de leurs mains sur leur poitrine et semblent, de l'autre, soutenir le personnage du milieu dans l'ascension qu'il paraît vouloir faire vers le ciel. Ne pourrait-on pas voir là l'apothéose de quelque saint ? — L'autre figure un quadrupède, à membres robustes et dont la queue est aussi longue que ses jambes, qui tient avec sa gueule par le cou un oiseau dont il fait courber la tête vers la terre ; l'oiseau fait ses efforts pour lui échapper, mais ces efforts ne peuvent rien contre la force calme et tranquille de son ennemi. Ces deux animaux seraient-ils le renard et le coq, et symboliseraient-ils l'abaissement des orgueilleux ?

Les colonnes, formées d'une ou de deux pierres, sont en grès-molasse et les chapiteaux en pierre calcaire ; les sujets ont été parfaitement sculptés ; la pierre est profondément fouillée, et les sentiments que chacun des sujets exprime convenablement rendus. Le temps a peu rongé ces sculptures, les hommes seuls les ont mutilées : les têtes des personnages surtout ont eu le plus à souffrir des dévastations ; mais, tels qu'ils sont, ces chapiteaux sont encore fort remarquables.

La corniche qui surmonte les chapiteaux se prolonge jusqu'à

l'extrémité du mur de la porte ; elle est composée à droite de rinceaux et à gauche de palmettes avec des têtes humaines, des deux côtés, aux angles formés par la retraite des colonnes.

La porte, ai-je dit, est ornée de voussures décorées de creux et reliefs et disposées en retrait. Les tores, alternant avec les creux, forment le plus agréable coup-d'œil. Un de ces creux, le plus large de tous, et qui repose sur les deux colonnes intérieures, est chargé de vingt-trois billettes rondes. L'archivolte est décorée, à son extérieur, par des palmettes réunies deux à deux et en sens inverse, disposition des plus élégantes.

L'entablement de la porte est couronné par une corniche supportée par des corbeaux ou modillons, entre lesquels on a sculpté, en guise de frise, des rosaces et d'autres figures. La corniche est ornée d'un rang de palmettes ; les modillons en forme de console qui la soutiennent sont au nombre de dix et représentent, le premier, à gauche, une tête grimaçante, et les deux derniers de belles têtes ordinaires ; les sept autres, chargés aussi de quelque ornement, ont été mutilés : de telle sorte qu'on ne reconnaît aucune des figures. Entre chacun de ces modillons, on voit reproduits, en guise de frise allant de gauche à droite, la figure de la lune, celle du soleil, symboles de l'Ancien et du Nouveau-Testament ; l'Agneau soutenant du pied la croix et se retournant pour l'examiner, symbole du Christ immolé pour nous racheter ; un personnage représenté par la partie inférieure du corps, nu ou presque nu, à genoux devant une espèce de vêtement qu'il veut peut-être revêtir ; une croix ou un X, et enfin trois rosaces.

Dans l'entablement, entre la frise et l'archivolte, on voit, sur le milieu de la façade, le monogramme du Christ placé dans un cadre perlé, circulaire : monogramme formé des deux lettres X et P, qui sont les deux premières du mot grec Χριστος, le Christ. Il est ici accompagné des deux lettres A et Ω, première et dernière de l'alphabet grec, posées sur une barre transversale, et ces lettres indiquent que Jésus-Christ est le *commencement et la fin : Ego sum alpha et omega , principium et finis.*

A l'intérieur, cette église, à l'exception de l'abside, ne nous offrira rien de bien remarquable. La façade de l'ouest, qui est terminée par un fronton triangulaire percé d'une ouverture ronde sans aucun ornement, et celle du midi, sur laquelle est placée la porte d'entrée, dans un mur en saillie, ont été crépies : de telle sorte qu'on ne peut pas distinguer la manière dont les murs ont été construits. Les pilastres qui supportent la voûte de la nef, et les contreforts du clocher, font une légère saillie qui se confond dans le bas avec la partie du mur correspondant à la portion de l'église comprise dans le sol. Des trois fenêtres éclairant la nef, deux sont à plein-cintre, l'une à gauche de la porte et l'autre entre les contreforts du clocher, ayant une hauteur égale à deux fois environ leur largeur; la troisième, à droite de la porte, est haute et très-étroite : elle a été évidemment refaite. Le chevet de l'abside est décoré de colonnes à demi engagées dans le mur dont elles n'atteignent pas le haut, et qui sont surmontées de corniches ornées d'oves et de moulures imitant des pierres taillées à facettes. A la hauteur de ces chapiteaux, l'hémicycle du chœur est décoré d'un rang horizontal de pierres sculptées se détachant du mur et reproduisant des figures grimaçantes. Entre chacune de ces colonnes, au nombre de quatre, correspondant aux angles de l'octogone, l'architecte a pratiqué, sur ces cinq faces, une fenêtre à plein-cintre sans aucun ornement, d'une hauteur égale à deux fois sa largeur ; trois de ces fenêtres ont été bouchées, et les deux autres, dont nous avons parlé en décrivant l'intérieur du sanctuaire, ont été refaites et allongées. La partie du mur de l'abside qui regarde le nord et qui n'était pas ainsi soumise à l'action du mauvais temps, contre lequel d'ailleurs elle aurait été protégée par les maisons distantes à peine de quelques mètres, n'ayant pas été recouverte de mortier, on peut parfaitement en remarquer la maçonnerie, qui est un appareil régulier et en pierre dure. Le mur de l'abside, comme celui de la nef, n'est couronné d'aucun entablement; il n'aurait jamais été fait ou bien, à une époque postérieure, il aurait été enlevé.

L'ancienneté de l'église de Cadalen me paraît incontestable: on pourrait, par les détails architectoniques, préciser l'époque de la construction; mais il faudrait pour cela plus de connaissances et de pratique que je n'en ai. Je soumettrai donc ici mon opinion avec beaucoup de réserve. La porte d'entrée est évidemment romane du XIIe. siècle; l'abside, quoique offrant à l'intérieur des arcs en tiers-point, doit néanmoins par son extérieur, par son appareil, ses colonnes, ses fenêtres à plein-cintre et dépourvu de tout ornement, remonter à une époque fort reculée, sinon romane, au moins à l'époque de transition, au XIIIe. siècle. Quant à la nef, si elle n'a pas été élevée à la même époque et en même temps, elle l'aurait été peu de temps après; car l'examen de toutes ses parties indique une époque relativement fort ancienne: voûtes, pilastres, piliers massifs qui supportent le clocher, chapiteaux à ornementation simple, rose du fond de la nef sans aucun ornement, fenêtres à plein-cintre, contreforts à peine saillants, clocher avec sa tourelle, tout concourt à faire regarder cet édifice comme élevé dans le XIIIe. siècle ou au moins dans le XIVe.

Me serait-il permis maintenant de dire un mot au sujet de la conservation de l'église? Cet édifice, d'une ancienneté et d'un intérêt si incontestables, mérite-t-il d'être conservé; ou bien doit-on, spectateurs indifférents, attendre, désirer même que la pioche l'enlève à notre vue comme un objet gênant ou tout au moins inutile? La question résolue, je l'ai déjà dit, dans le sens de la conservation, sera peut-être agitée de nouveau, lorsque l'église nouvelle sera achevée et consacrée, et il est peut-être à craindre que les fidèles, qui se sont prononcés dans le principe avec tant d'unanimité et de force, abandonnent alors les droits de propriété qu'ils avaient acquis.

Il est des questions dans lesquelles des considérations particulières doivent faire place à des considérations d'un intérêt général, et je crois ici que l'intérêt général veut la conservation et non la destruction du monument. Vos pères, il y a sept siècles, ont bâti cette église sur un emplacement, si nous en croyons une tradition encore répandue, sanctifié par un fait miraculeux; ils l'ont ornée avec soin et ont groupé autour d'elle leurs maisons, comme des enfants se serrent autour de leur mère pour se mettre sous sa protection, ou pour la couvrir de leur amour. Leurs fils ont continué de venir s'agenouiller, prier et mourir au pied de ses murs. Aujourd'hui, ses dimensions ne sont plus suffisantes pour contenir la population de la paroisse: vous votez l'érection d'une nouvelle église plus vaste, vous ne reculez devant aucun sacrifice pour l'embellir et la rendre digne de la majesté du Dieu auquel elle doit servir de temple: votre conduite est louable, mais quelque chose qui le sera davantage, c'est la conservation de l'ancien édifice: la construction et l'embellissement d'une église nouvelle pourraient être attribués à d'autres motifs qu'à celui de la dévotion; la conservation du monument primitif ne pourra l'être qu'au plus honorable motif, à celui du respect pour la foi de vos pères. Prenons-y garde, ne dédaignons pas ce qu'ils ont fait, si nous voulons que nos neveux à leur tour respectent ce que nous aurons fait nous-mêmes. Cet édifice, d'ailleurs, d'une solidité à toute épreuve et qui ne menace nullement ruine, pourrait être utilisé, si ce n'est pour le culte, au moins pour toute autre destination publique: salle de la mairie, école communale, prétoire du juge de paix, etc., et on conserverait ainsi un des monuments d'architecture romane qui sont si rares dans notre contrée.

L'église démolie, au contraire, vous aurez d'un côté une place, et quelle place! et de l'autre vous aurez dénaturé votre ville. Si un voyageur, en effet, du haut d'un des coteaux qui environnent la ville, jette un coup-d'œil sur Cadalen, il sera frappé de l'effet pittoresque et instructif de la ville construite sur un mamelon, avec ses maisons étagées légèrement les unes sur les autres, et se pressant autour de l'église qui les domine toutes et dont la tour octogone et le clocheton conique flattent la vue; à côté, il verra sur le penchant du mamelon l'église neuve dans toute sa splendeur, et tout le passé et le présent de la ville se révélera à lui à cette seule inspection, il comprendra tout et il vous louera. Mais s'il revient et qu'il n'aperçoive plus l'église ancienne, qu'il ne voie plus que l'église nouvelle éloignée des habitations, reléguée à un coin du village sur un coteau où aucune habitation ne pourra jamais venir se grouper, et cette église malgré sa beauté seule dans son isolement, il comprendra également tout, et il doutera de votre foi et de vos sentiments.

De nos jours, on est malheureusement trop porté à démolir pour reconstruire. L'exemple vient d'en-haut et il est contagieux. Les villes, au prix de grands sacrifices, isolent leurs églises monumentales sans se préoccuper si elles les dénaturent ou non; car cette question est loin d'être résolue, à savoir si un édifice (une église) n'est pas plus beau, plus vénérable, lorsqu'il est entouré de maisons qui lui donnent un cachet primitif, que lorsqu'il est isolé; elles tracent et percent de nouvelles et larges rues sans se préoccuper s'il faut démolir une maison intéressante, une façade ancienne, et sans se demander s'il ne vaudrait pas mieux faire entrer dans leur projet d'embellissement une maison, un hôtel, une façade remarquables; car souvent, et le plus souvent, cette façade, cet hôtel, cette maison orneraient bien plus la ville qu'une rue droite bien tirée au cordeau, avec toute sa raideur et son uniformité.

L'ennui naquit un jour de l'uniformité.

Désirons que nos campagnes entrent dans une voie toute différente ; et si nous avons reçu des villes l'impulsion pour les constructions nouvelles, donnons-leur en retour l'exemple de la conservation et du respect pour les monuments. L'exemple des constructions et des démolitions vient d'en haut, que celui de la conservation vienne d'en bas, il en sera tout aussi efficace.

Caen, typ. de A. Hardel.

www.ingramcontent.com/pod-product-compliance
Ingram Content Group UK Ltd.
Pitfield, Milton Keynes, MK11 3LW, UK
UKHW012123240726
13965UKWH00005B/1930

9 782013 072434